PETIT MANUEL DE L'ORGASME

LISA SUSSMAN

• MARABOUT •

OOOOHH!

PREMIÈRE PARTIE

PETIT MANUEL DE L'ORGASME

Publié pour la première fois
par Carlton Books Limited en 2001.

Traduction : Dominique Brotot.
Avec la collaboration de Philippe Rollet.

ISBN : 250103724-3
Dépôt légal : 16599/février 2002
N° de codification : 4034013
Achevé d'imprimer à Singapour

DEUXIÈME PARTIE

OH!OH!OH!OH!

ENTRAÎNEZ-VOUS AU PLAISIR

Selon les sexologues Masters et Johnson, 10 % des femmes n'ont jamais connu la merveilleuse sensation de se dissoudre dans la jouissance... Cela ne signifie pas pour autant qu'elles sont frigides : après tout, l'orgasme n'est pas un réflexe inné, mais une technique acquise. Voici quelques sexercices qui joignent l'utile à l'agréable.

1 **La masturbation** ouvre le chemin le plus rapide vers l'orgasme : quelques minutes suffisent en effet à la plupart des hommes et des femmes. Plus on a d'orgasmes, par quelque moyen que ce soit, et plus on en aura. Les femmes qui se donnent régulièrement du plaisir éprouvent davantage de désir sexuel, réagissent plus vite aux caresses et atteignent l'orgasme plus souvent ! En prime, elles ont confiance en elles et une vie conjugale plus satisfaisante.

CENT FOIS SUR LE MÉTIER

2

Le sexe est comme toutes les autres formes d'exercice : plus on le pratique, plus on progresse et plus on y prend plaisir, notre cerveau est ainsi fait. Dans l'organisme de quelqu'un qui fait l'amour souvent, les réactions chimiques qui assurent la transmission de l'influx nerveux s'effectuent aisément parce qu'elles suivent un chemin bien balisé. Les orgasmes surviennent donc plus fréquemment et plus facilement…

3

Rappelez-vous vos cours
de biologie au collège :
peut-être avez-vous étudié
la théorie selon laquelle la
fonction crée l'organe ?

L'abstinence sexuelle
cause chez les femmes
ce qu'on appelle
l'**« atrophie vaginale »**,
un dessèchement et
un resserrement du vagin
qui peuvent rendre les
rapports pratiquement
impossibles. Les femmes qui
gardent une sexualité active,
même sans partenaire,
en se donnant elles-mêmes
du plaisir, restent plus
ouvertes à la jouissance.

4

Faites-vous **masser**. L'afflux de sang réchauffera vos muscles vaginaux et les rendra

STRETCH

élastiques ; ils rempliront ainsi au mieux leurs fonctions.

Allez, poussez ! Pendant les rapports, contractez les muscles que vous utiliseriez si vous vouliez expulser quelque chose de votre vagin. Accompagnez de vos étreintes le va-et-vient de sa verge. **Le résultat :** une jouissance plus longue et plus profonde... Et votre partenaire vous en sera reconnaissant !

6

De solides **muscles du plancher pelvien** (ceux que vous resserrez pour contrôler votre vessie) permettent, aux hommes comme aux femmes, d'avoir des orgasmes plus intenses et **plus nombreux**. Pour renforcer ces muscles, commencez par les contracter quinze fois d'affilée deux fois par jour. Ne maintenez pas la contraction, relâchez immédiatement. Un exercice à faire n'importe où : en conduisant, en regardant la télévision, pendant une réunion... Discret, efficace et rigolo... Augmentez graduellement le nombre des contractions (jusqu'à soixante-quinze deux fois par jour). L'info 39 vous expliquera comment profiter de ce nouvel acquis particulièrement précieux, puisqu'il amplifie les sensations jusqu'au niveau du clitoris.

7

Dépensez-vous pendant une petite heure avant une séance de jeux érotiques : cela vous rendra toute chaude... dans tous les sens du terme. Les efforts physiques, quels qu'ils soient, stimulent l'oxygénation et la circulation du sang, ce qui prépare le corps à l'orgasme. Des études montrent en outre que les gens qui font de l'exercice au moins trois fois par semaine sont plus à l'écoute de leur corps et se montrent plus **réactifs sur le plan sexuel**.

Pour la plupart des femmes, il suffit pour connaître l'orgasme pendant un rapport amoureux de se mettre en position d'atteindre le ciel...

39 **Accroupie** sur votre partenaire, lui-même assis, effectuez dix va-et-vient puis pressez dix fois son membre avec les muscles du plancher pelvien (info 6) : vous déclencherez un véritable feu d'artifice.

40 Vous êtes **couchée sur le dos**, les jambes levées et largement écartées. Votre homme se met à quatre pattes, en sens inverse et les cuisses passées au-dessus des vôtres, ses pieds de part et d'autre de vos épaules. Il vous pénètre doucement et bouge d'avant en arrière. Pour que votre étreinte soit encore plus étroite, accrochez-vous à ses hanches et soulevez votre bassin de quelques centimètres. **Recommencez jusqu'à ce que vos forces vous abandonnent.**

41

Tenez compte du matelas. Plus il est mou et plus votre poids à tous deux pousse votre pubis vers le bas et rend improbable le contact avec les zones les plus sensibles de votre vagin. **Vous obtiendrez de meilleurs résultats à même le sol.**

Des études révèlent que 77 % des femmes atteignent l'orgasme avec la technique de **l'alignement coïtal**. Votre amant se couche sur vous, dans la position du missionnaire, mais au lieu de s'enfoncer tout droit, il avance son corps par rapport au vôtre de manière à ce que son os pubien vienne appuyer sur le capuchon qui cache votre clitoris, ce qui vous offre une deuxième stimulation.

42

Voici maintenant trois variantes simples pour donner une nouvelle dimension à la position du missionnaire

43

Il se soulève, en appui sur les coudes ou les bras tendus, afin que son bassin vienne buter contre votre clitoris.

Vous serrez les jambes entre les siennes, pour augmenter le contact entre vos parties intimes.

44

45

Passez les jambes par dessus ses épaules, vos genoux contre votre poitrine. Cette position allonge le vagin et l'homme peut s'enfoncer plus profondément tout en venant presser là où c'est si bon : contre les lèvres de la vulve et le clitoris.

46

Pour un langoureux tête-à-tête, empilez des serviettes ou des coussins de façon à créer deux supports bien fermes. Ils doivent être à bonne distance, pour permettre le contact entre vos organes génitaux quand vous vous asseyez face à face, les jambes d'un des partenaires passées au-dessus de celles de l'autre. Cette position stimule pour tous les deux de nombreuses zones érogènes, et l'homme peut par exemple caresser le clitoris de sa compagne avec son sexe. Elle a un autre avantage : elle laisse les mains libres !

SATISFACTION GARANTIE

Quelques infos de pur plaisir :

à une vitesse de quelque deux mille tours minute, le vibromasseur va vous propulser tous les deux dans les étoiles. Pas besoin d'entrer dans un sex-shop, on en trouve en pharmacie qui font très bien l'affaire. Ne vous inquiétez pas de la forme, ce sont les vibrations qui comptent. Posez-le contre votre peau, près du clitoris, mais pas directement dessus, car l'expérience risquerait d'être trop intense voire douloureuse.

48

Faites l'amour assis sur une machine à laver en phase d'essorage : effet comparable à celui d'un vibromasseur !

49

S'il a tendance à jouir avant vous, puis à s'endormir aussitôt, essayez une **double stimulation** en choisissant une position comme la levrette ou les petites cuillères qui vous laisse libres tous les deux d'accéder à votre clitoris. Ce supplément est peut-être le petit quelque chose qui vous manquait pour l'accompagner au ciel !

50

Ne faites rien. Ne pas essayer d'avoir un orgasme est souvent le moyen le plus sûr de l'atteindre.

51

Après l'orgasme, le vagin se resserre. Si votre amant caresse alternativement la paroi interne de votre vagin, puis votre clitoris, vous allez continuez à ressentir des contractions, toutes les cinq secondes environ, jusqu'à être complètement submergée de délicieuses vagues de plaisir.

52

Profitez du stress. L'anxiété n'a pas obligatoirement un effet négatif sur l'orgasme. Elle stimule la concentration et peut, au contraire, augmenter l'excitation sexuelle, un peu comme le trac améliore le jeu d'un acteur.

53

Prenez le soleil. Il suffit de quinze minutes consécutives d'exposition à ses rayons pour que le cerveau libère de la sérotonine. En apportant une sensation de bien-être, cette molécule favorise le plaisir.

Prenez votre *plaisir* en charge

On considère souvent l'orgasme comme quelque chose qui nous « tombe dessus », mais un peu de savoir-faire permet d'acquérir un certain contrôle sur sa jouissance...

54

Quelles que soient vos prédispositions initiales, vous pouvez vous conditionner à **l'orgasme vaginal**. Voici comment : conservez une excitation du clitoris au cours du rapport amoureux afin d'atteindre la jouissance, mais arrêtez-vous juste avant de basculer et, pendant que le plaisir déferle en vous, concentrez toute votre attention sur son sexe qui va et vient en vous. Arrêtez-vous progressivement de plus en plus tôt, jusqu'à ne plus avoir besoin d'autre déclencheur que la pénétration.

Une des techniques recommandées par les sexologues pour augmenter l'intensité du plaisir consiste à rester le plus longtemps possible au bord de l'orgasme. Celui-ci est d'abord un relâchement de la tension physique, et plus vous accumulez de tension et plus le relâchement produit du bien-être. Savourez avec votre amant la volupté de flirter avec l'extase en modulant à deux votre excitation. Approchez-vous de la crête du plaisir et redescendez plusieurs fois, avant de vous abandonner au flot de volupté que vous aurez ainsi laissé grossir...

55

CINQUIÈME PARTIE

OUI ! OUI ! OUI !

56 Serrer les fesses et les muscles des cuisses active la circulation sanguine dans la région pubienne. Cette augmentation de l'irrigation favorise la lubrification du vagin et le gonflement du clitoris, ce qui pourrait aussi rapprocher de la paroi vaginale les récepteurs nerveux. Pensez toutefois à ne pas bloquer votre respiration.

57

Tout ce qui appuie sur le bas de votre abdomen pendant que vous faites l'amour (sa main, la vôtre, le fait de tendre les muscles ou même de se redresser un peu) masse votre clitoris interne et vous rapproche de l'orgasme.

58

À perdre haleine... Dans le feu de la passion, vos poumons sont sans doute la dernière chose à laquelle vous avez envie de penser. Le rythme de votre respiration a cependant un rôle à jouer dans votre jouissance. Plus vous respirez vite et plus vous êtes **excitée**.

Servez-vous de votre
diaphragme, cette membrane
musculeuse qui sépare
l'abdomen du thorax.
Entraînez-vous en soufflant
par à-coups, la bouche ouverte.
Concentrez-vous sur votre ventre,
afin de percevoir les contractions
qui chassent l'air. Efforcez-vous
de les amplifier. Quand vous
sentez l'orgasme approcher,
faites de même, expirez
en poussant avec le ventre.
Ce massage interne augmentera
l'intensité de votre extase.

59

60

Laissez **pendre** votre tête hors du lit. L'afflux de sang vers le cerveau et la modification du rythme respiratoire augmentent l'excitation et l'intensité des perceptions.

61

Respirer par le nez est recommandé quand on veut se détendre, mais quand on fait l'amour il vaut mieux respirer puissamment par la bouche.

62 Une respiration profonde venue du ventre vous décontractera, vous rendra plus réceptive et augmentera votre énergie sexuelle. En inspirant, rentrez le nombril aussi loin que vous le pouvez, puis relâchez en gonflant l'abdomen. Comptez jusqu'à cinq et recommencez. Vous vous sentirez à la fois plus tonique et plus calme, à même de profiter pleinement de toutes vos sensations.

63 Les sexologues conseillent aux femmes qui ont des difficultés à atteindre l'orgasme de changer d'habitudes respiratoires (cesser de retenir son souffle, par exemple, ou le contraire).

64

L'EAU À LA BOUCHE...

Transformez vos orgasmes en de délicieuses sexpériences !

Essayez de lui enseigner le principe zen de la jouissance orale : on ne peut pas voir le plaisir d'une femme, mais on peut le sentir. Demandez-lui de poser sa langue à plat contre votre clitoris : plus il pulse et plus vous êtes chaude.

65 Rappelez-lui que sa **langue** n'est pas un pénis en réduction. Il devrait la garder douce et plate, comme s'il léchait une crème glacée, plutôt que de la darder partout comme si c'était une perforatrice hydraulique...

Le méat urinaire,
qui se trouve
sous le clitoris,
est lui aussi une
zone érogène.
Profitez-en :
sa langue
et ses lèvres
passent au méat
quand le clitoris
est trop sensible
pour être stimulé
directement
— après un
orgasme par
exemple.

73

74 Atteignez des sommets de plaisir en tirant parti de la totalité de ce qu'on appelle le « croissant orgasmique », qui s'étend du clitoris au point G (info 75) en passant par le méat urinaire (info 73).

Profitez-en : en se servant de sa langue et de ses doigts, votre amant excite en même temps le clitoris et le méat, tout en pressant le point G.

75

Le point G est une petite masse de tissu sensible et érectile qui se trouve à environ six centimètres de l'entrée du vagin, sur sa paroi antérieure. Il a un peu la texture de la guimauve. Quand il est stimulé, il provoque un orgasme plus profond que la rapide succession de petites explosions déclenchée par la stimulation du clitoris. **Profitez-en** : placez-vous à genoux au bord du lit ; votre partenaire, debout, vous prend par-derrière.

Pour la moitié des femmes environ, la stimulation du **col de l'utérus**, qui est relié au même réseau nerveux que le clitoris, peut conduire à un orgasme particulièrement intense. **Profitez-en** : asseyez-vous à califourchon sur votre partenaire, tournée vers ses pieds, de façon à favoriser une pénétration bien profonde.

76

77

Connaissez-vous le « cul-de-sac antérieur » ?
C'est une zone qui se situe sur la paroi vaginale, quelques centimètres derrière le point G. Soumis à une pression régulière, il augmente la sensibilité et permet d'obtenir des orgasmes plus intenses et plus nombreux.
Profitez-en : allongez-vous sur le dos, ou asseyez-vous au bord du lit, tandis qu'il se place debout entre vos jambes.

78

Stimulé pendant les rapports amoureux, le cul-de-sac postérieur, proche du col de l'utérus, favorise également la montée du plaisir.
Profitez-en : dans la position du missionnaire, levez les jambes vers votre poitrine et rentrez le ventre.

LUI

79 Le petit repli de chair, appelé frein, qui relie le prépuce au gland est particulièrement riche en terminaisons nerveuses et donc très sensible aux caresses et frôlements en tout genre...

Profitez-en : au cours de la pénétration, contractez vos muscles pelviens pour renforcer le contact avec le sexe de votre amant.

80

De nombreux hommes
découvrent avec
surprise toutes
les **sensations**
que vous pouvez
leur procurer en
caressant le raphé, cette
ligne qui partage
le scrotum...
Il arrive même
qu'ils éjaculent
plus vite que prévu !
Profitez-en :
faites courir tout
doucement le bout
de vos doigts
le long du raphé.

81

L'érection
ne concerne pas
que le pénis !
Le périnée,
ce triangle de muscle
situé entre
les bourses et l'anus,
réagit également
à l'excitation.
Caressez-le,
et votre homme
tombera
en pâmoison !
Profitez-en : frottez
délicatement
cet endroit avec
le bout d'un doigt
ou le pouce.
Attention,
une pression brusque
et trop forte
peut l'empêcher
de jouir !

82

La prostate, située à la base du pénis, joue un tel rôle dans l'orgasme masculin qu'on l'a surnommée le point G de l'homme ! **Profitez-en** : glissez un doigt bien lubrifié dans son rectum et cherchez la paroi postérieure de la prostate : c'est une bosse ferme de la taille d'une noix. Massez-la délicatement tout en caressant son pénis.

Tous les deux...

83 L'anus est une zone érogène souvent ignorée mais extrêmement sensible.

Profitez-en : glissez-y un doigt lubrifié au moment de l'orgasme.

84

Découvrez votre déclencheur secret. Fermez le poing et repérez l'endroit où votre majeur touche la paume. Selon des réflexologues, ce point est en relation avec le cœur et peut aider à atteindre l'orgasme. Avant de faire l'amour, effectuez avec le pouce de l'autre main une pression intermittente de 15 secondes, puis appuyez en tournant pendant 15 autres secondes. Répétez trois fois et changez de main.

SEXE COSMIC

Accédez au nirvana par l'orgasme !

85 Il s'assied bien droit, les genoux pliés et écartés. Vous vous asseyez sur lui, les cuisses au-dessus des siennes, et vous vous agrippez à son torse. Bougez tous les deux lentement, en vous concentrant sur votre respiration ventrale. Pour les **taoïstes**, aucune position n'égale celle-ci pour parvenir ensemble au degré ultime de la jouissance !

Pour les adeptes du **tantrisme**, le rapport amoureux doit aussi permettre de réunir les énergies spirituelles. Placez-vous face à face et commencez par imaginer vos corps nimbés d'une aura lumineuse. Il glisse sa « flèche d'amour » dans le « siège du plaisir », tandis que vous vous couchez sur le dos. Ne bougez pas, restez concentrés sur votre respiration en vous regardant dans les yeux. Essayez de tenir une demi-heure : le résultat est divin.

87

Le **Kama Soutra** décrit des dizaines de positions

qui vous mèneront toutes à un véritable feu d'artifice...

Essayez par exemple une des versions de la balance :

il s'assied en appui sur ses mains posées derrière lui,

les jambes tendues, et vous vous agenouillez

en lui tournant le dos, ses cuisses entre vos mollets.

60 L'ORGASME AU SPRINT
Ne renoncez pas au plaisir parce que vous manquez de temps !

L'amour en coup de vent se pratique plutôt debout, en particulier quand la place manque. Malheureusement, la taille des deux partenaires est rarement assortie ; un escalier ou un plan incliné peuvent faciliter les choses. Sinon, penchez-vous en avant, les fesses tournées vers lui. Les positions où il vous prend par-derrière ont l'avantage de favoriser une pénétration profonde et le contact entre le gland et la paroi antérieure du vagin... précisément là où se niche le fameux point G.

89 *Certaines femmes atteignent un* **orgasme violent** *lors d'une étreinte rapide et sans préliminaires, mais avec une pénétration profonde. Ce qu'elles éprouvent alors diffère totalement de ce que leur procurent une stimulation du clitoris ou un rapport moins... vigoureux. Un préambule trop long les prive de cette réaction qui, quand elle se produit, est aussi rapide qu'une éjaculation !*

90

Le saviez-vous ? Les femmes interrogées dans le cadre d'une étude universitaire ont répondu en majorité préférer les **rapports rapides et impérieux** aux étreintes plus lentes et sereines. Les chercheurs ont donc conclu qu'une pression constante sur la partie la plus sensible du vagin, le tiers le plus extérieur, favorise la montée de la jouissance.

SIXIÈME PARTIE

AHHHH!

PETITS SECRETS

Quelques infos peu connues
qui vous apporteront peut-être
la clef du plaisir...

Reposez-vous !
Si vous êtes trop
fatiguée, vous n'avez
tout simplement pas
assez d'énergie pour
connaître l'orgasme...

92

Le fait que vous restiez sèche ne signifie pas forcément que vous ne vous intéressez que de loin à ce qui se passe... De nombreux facteurs extérieurs — le stress, le cycle menstruel, la cigarette, l'alcool et certains médicaments comme les antihistaminiques — peuvent influencer l'importance des sécrétions vaginales. La solution la plus simple ? Compensez avec de la salive ou de l'eau (info 94). Ou alors, investissez dans un lubrifiant du commerce (attention, ceux qui sont à base d'huile détériorent le latex des préservatifs) ou des préservatifs lubrifiés.

93

Buvez avant de faire l'amour. La sexologue américaine Estelle Lauder a découvert que la pression exercée par une vessie pleine provoque chez de nombreuses femmes des orgasmes puissants et intenses...

94

Les lubrifiants du commerce remplissent fort bien leur fonction... et même parfois trop bien : ils peuvent vous priver du plaisir de la friction, si nécessaire à la jouissance. Restez-en plutôt à la **salive** ou à l'eau.

95

Un **régime équilibré** favorise
— entre autres ! —
une vie sexuelle épanouie.
Consommez en
particulier des aliments
contenant de la
vitamine B (légumes,
œufs, noix, riz
complet et fruits)
et du zinc (poisson,
foie, champignons,
viande rouge et céréales),
car ces deux éléments
renforcent l'efficacité du système
nerveux, le maître de notre plaisir.

96 Évitez les **alcools** forts. Vous vous sentirez peut-être émoustillée et désinhibée au bout de trois verres... mais vous serez aussi en partie anesthésiée ! Quel dommage !

97 Un demi-verre de **vin rouge**, en revanche, relèvera votre taux de testostérone, ce qui rendra vos réactions plus intenses.

98 Prenez les choses en main, grâce à la double stimulation. Selon la sexologue Shere Hite, 70 % des femmes connaissent l'orgasme grâce à leur clitoris. Jouez le jeu des associations : doigt - pénis, langue - doigt ou vibromasseur - langue...

99

Le tabac perturbe la circulation sanguine et pourrait réduire la production de testostérone, or il s'agit là de deux agents essentiels au moment de passer à l'acte... Une étude récente a montré qu'après avoir arrêté de fumer on connaît davantage d'orgasmes. Alors...

Un **café** avec deux sucres accélérera votre rythme cardiaque et vous donnera un petit coup de fouet. De quoi profiter plus intensément des délicieux moments qui se préparent !

101

Les vertus aphrodisiaques du **ginseng** sont connues depuis des siècles. Vous le trouverez dans le commerce sous différentes formes. Attention : certaines des préparations les moins chères contiennent très peu de principes actifs.

102

L'**orgasme** féminin n'a rien d'inné ; c'est au contraire un véritable talent, qui s'acquiert grâce à la pratique.

Il n'existe pas deux orgasmes identiques. Cette sensation de plaisir extrême, suivie d'un sentiment de bien-être et de plénitude, se produit dans le système limbique (parfois surnommé centre du plaisir) du cerveau. Les **sensations** que l'on éprouve varient énormément, du simple frisson à une extase totale, qui peut entraîner une brève perte de conscience ! Mieux vaut apprendre à connaître vos propres possibilités, plutôt que d'espérer vivre à chaque fois une expérience hors du commun.

104

53 % des hommes (contre **34 %** des femmes) interrogés lors d'une étude ont répondu qu'ils attachaient plus d'importance au plaisir de leur partenaire qu'au leur...

105

Entre 10 et 20 % des femmes ont fait au moins une fois dans leur vie un **rêve érotique** qui s'est terminé par un orgasme. Cette expérience particulièrement agréable a plus de chances de se produire dans une période de privation sexuelle, mais pas affective. Par exemple, s'il est loin des yeux, mais pas du cœur...

106

Si l'orgasme m'était compté... L'orgasme masculin dure en moyenne de **10 à 30 secondes**, l'orgasme féminin de 13 à 51 secondes.

107

Le lit ou la table, il faut choisir ! Un repas trop riche juste avant de faire l'amour peut émousser vos réactions. Dommage, non ?

108

Deux clefs du plaisir :
faire des études ou
obtenir une promotion !
En effet, d'après une
enquête menée aux
États-Unis, les femmes
qui ont une éducation
supérieure ou un statut
social élevé obtiendraient
plus facilement un
orgasme que les autres...

PANNE D'ORGASME

Si votre plaisir déraille, sachez vous remettre sur la voie...

109

Problème : l'allaitement. La prolactine, cette hormone qui déclenche la lactation, inhibe en parallèle votre libido.

Solution : pensez à votre bébé ! L'ocytocine, qui stimule les glandes mammaires, favorise aussi les contractions utérines et peut aider à atteindre l'orgasme.

110

Problème : le stress.

L'accumulation des petites tensions dues à nos soucis quotidiens nuit à la production de testostérone et de DHEA, qui sont deux hormones complices du désir.

Solution : avant de faire l'amour, accordez-vous vingt minutes de détente : allez faire un petit tour, ou prenez un bain.

111. Problème : le manque de sommeil.
Des femmes interrogées au cours d'une enquête ont remarqué que le fait de se coucher plus tard que d'habitude un soir affectait leur libido du lendemain. Cela serait dû au cortisol, une hormone dont la production baisse pendant le sommeil profond et dont l'accumulation pourrait entraîner une tension nuisible au plaisir sexuel.
Solution : faites la grasse matinée dès que possible !

Problème : la pilule. Les hormones qui inhibent l'ovulation peuvent entraîner, parallèlement, une baisse du désir.

112

Solution : cherchez avec votre médecin une forme de contraception qui vous convienne mieux.

113

Problème : la pièce où vous faites l'amour est éclairée comme une salle d'opération.

Solution : allumez plutôt des bougies... mais pas trop près des rideaux !

114

Problème : votre odeur vaginale vous inquiète.

Solution : n'essayez pas de la faire disparaître par un excès d'hygiène. Le désir vous fait exhaler un parfum tout à fait naturel, mais s'il est vraiment désagréable, c'est peut-être le signe d'une infection : consultez un médecin.

115

Problème : vous avez peur d'être enceinte ou d'attraper une MST (maladie sexuellement transmissible).
Solution : utilisez un préservatif — de toute façon, c'est un réflexe, non ?

116

Problème : vous n'avez jamais eu d'orgasme.
Solution : faites-vous faire une analyse de sang. Votre anorgasmie provient peut-être d'une lésion ou d'un défaut de la glande pituitaire antérieure.
Si c'est le cas, une petite intervention chirurgicale sera nécessaire.

QUATRIÈME PARTIE

PAS DE FAUX MOUVEMENTS

Prenez le temps. Trop de femmes essaient
d'éprouver un orgasme le plus vite possible.
Efforcez-vous plutôt de prolonger votre plaisir
en surfant au bord de l'extase.
Quand vous vous sentez sur le point
de basculer, demandez à votre partenaire
de tourner son attention vers une partie
de votre corps qui vous procure moins
de plaisir... juste quelques minutes bien sûr...
En jouant ainsi sur le flux et le reflux,
vous parviendrez à un niveau de jouissance
qui vous garantira d'être littéralement balayée
par le plaisir quand vous laisserez finalement
la vague déferler...

37

Apprenez à votre homme à tenir plus longtemps. Caressez sa verge et demandez-lui d'évaluer son excitation selon une échelle de un à dix, dix étant le point de non-retour. Le principe consiste à lui faire éprouver plusieurs pics sans qu'il éjacule. Par exemple, amenez-le au stade 4, relativement peu élevé, puis arrêtez et demandez-lui de respirer jusqu'à ce que son excitation baisse ; propulsez-le ensuite à un stade 8, redescendez à 6, etc. Avec un peu d'entraînement, il arrivera à utiliser lui-même cette technique pendant vos rapports.

36

Sachez jouer de vos nerfs pour atteindre de nouveaux sommets du plaisir. Des études montrent que les nerfs qui entourent les muscles du périnée provoquent deux sensations érotiques différentes. La première est une vive excitation et survient quand le clitoris ou la base du pénis en érection sont caressés. La stimulation des parois du vagin et de la hampe de la verge déclenche la seconde, qui évoque le déferlement d'une vague tiède, enflant avec la jouissance... N'hésitez pas à passer de l'une à l'autre de ces sensations dans vos rapports amoureux. Vous pouvez aussi chercher à atteindre ce qu'on appelle l'orgasme combiné — une fête qui peut durer jusqu'à une heure... Comment ? En combinant un massage du point G et des caresses du clitoris.

35

Jouissez sans limite de la **conjonction coïtale**. Asseyez-vous ou couchez-vous sur le ventre de votre amant avec son sexe en vous. Restez tous les deux parfaitement immobiles et concentrez-vous sur le contact de vos deux corps et sur le plaisir qu'il vous offre, sans chercher à y ajouter les sensations que ferait naître le frottement.

34

Le « **piège du serpent** » est un excellent moyen de commencer une longue croisière. Asseyez-vous sur votre compagnon, face à lui. Vous vous laissez ensuite aller tous les deux en arrière en prenant appui sur vos coudes ou sur vos mains. Vous pouvez aussi vous coucher sur le dos, si vous préférez. Votre homme va et vient doucement en vous par en dessous. Cette position a la vertu précieuse de retarder l'éjaculation.

32

Pour avoir un **orgasme séquentiel** (une série de pics rapprochés séparés par une légère baisse d'excitation pendant une à dix minutes), il suffit de commencer avec la bouche, avant de passer à la pénétration.

UN ORGASME D'UNE HEURE

Six moyens d'obtenir une jouissance sans fin...

33

Consacrez une minute à ce qui vous prendrait normalement deux secondes. Le ralenti exacerbe les sensations.

Selon des chercheurs de l'université de New York, les hommes peuvent apprendre à retenir leur sperme au moment crucial pour conserver leur érection, et connaître de trois à dix orgasmes sans éjaculation. Pour acquérir une telle maîtrise, il faut commencer par séparer la sensation de l'orgasme de celle de l'éjaculation. Aidez-le

en arrêtant la stimulation juste avant qu'il n'atteigne le point de non-retour. Attendez qu'il reprenne le contrôle des opérations. Puis recommencez... Et arrêtez... Et attendez... Si vous lui offrez le moyen de jouir sans avoir à tout interrompre, **il vous adorera à jamais**.

30

Sans fin.

Ce qu'il y a de bien avec le clitoris, c'est qu'il n'a pas forcément besoin de repos après vous avoir emmenée au septième ciel. Tant qu'il reste stimulé, vous continuez à jouir... Allez, rêvons un peu : une femme qui participait à une étude scientifique a vécu une stupéfiante série de 134 orgasmes d'affilée...

TOUJOURS PLUS

Ou comment avoir autant de moments de pure extase que vous le désirez...

29

Un secret enfin révélé ! Les femmes qui enchaînent régulièrement les orgasmes jouent de la variété des stimulations. Après une première extase, changez simplement de position : une autre partie du corps sera stimulée, et c'est reparti pour un tour !

PAS !

27

C'est au réveil que notre taux de testostérone est le plus haut... et que l'on a le plus de chances d'atteindre l'orgasme. Alors, pourquoi ne pas commencer la journée par quelques galipettes ?

28

Arrivez la première. Dans une enquête menée auprès de plus de 800 femmes, celles qui rencontraient le moins de problèmes pour atteindre l'orgasme avaient des partenaires qui se retenaient jusqu'à ce qu'elles-mêmes y parviennent. Un truc pour tous les deux : arrêtez toute stimulation quand vous sentez que votre partenaire approche du point de non-retour, et laissez-lui le temps de reprendre son self-control.

TROISIÈME PARTIE

N'ARRÊTEZ

25

Patience !

23 % seulement des femmes interrogées dans le cadre d'une enquête de l'institut Kinsey atteignaient régulièrement l'orgasme quand elles avaient une vingtaine d'années. Elles étaient **90 % à la trentaine**.

26 La plupart des gens consacrent au sexe le plus mauvais moment de la journée qui soit : le soir, quand pèsent à la fois la fatigue accumulée et la digestion...

23

Faites l'amour **pendant vos règles**. Le taux élevé de progestérone vous rend particulièrement apte à atteindre l'orgasme — qui est soit dit en passant un excellent antidouleurs !

24

La période des règles et celle qui précède **l'ovulation** sont deux moments très propices à la jouissance. Alors, profitez-en !

Apprenez à jouer avec votre langue,
tous les deux en même temps. Placez-vous
tête-bêche, et utilisez votre bouche comme
vous le feriez de votre sexe : imitez sur son membre
la pression qu'exercerait votre vagin, tandis
que sa langue dardée va et vient en vous...
Vous ne tarderez pas à trouver un rythme
de croisière : gardez-le jusqu'à ce que l'extase
vienne vous submerger...

Le calendrier du plaisir

Le moment choisi pour un rapport sexuel — la date dans le mois et même l'heure de la journée — peut avoir des conséquences importantes sur la qualité de votre orgasme.

21

Selon l'**institut Kinsey** 7,7 % seulement des femmes dont le partenaire consacre au moins 21 minutes aux préliminaires n'atteignent pas l'orgasme.

20

L'orgasme dit « extragénital » est purement mental ; 10 % seulement des femmes réussissent à l'éprouver tout naturellement, mais toutes les femmes peuvent développer leur capacité à atteindre la jouissance grâce à leur imaginaire. Entraînez-vous à faire grimper votre excitation en déroulant dans votre esprit vos souvenirs érotiques les plus chauds.

18 Concentrez-vous sur vos propres sensations.

À force de se concentrer sur le plaisir de l'autre, ou sur leur propre peur de ne pas atteindre l'orgasme, de nombreuses femmes n'arrivent plus à se laisser aller à leurs propres émotions.
Allez, relax !

19 Laissez parler vos émotions.

« Combien de fois ? » ; « Pendant combien de temps ? » ; « Dans quelle position ? »... À force d'envisager la sexualité sous un angle strictement mécanique, on perd de vue quelque chose d'essentiel : la merveilleuse proximité de deux êtres... Alors, quand vous vous surprendrez à calculer (« Et si je faisais ça ? Plus doucement ou non ? J'arrête ou je continue ? »), recentrez vos pensées sur **l'émotion qui circule entre vous**.

66

En moyenne,

les femmes

ont besoin

qu'un cunnilingus

dure une vingtaine

de minutes.

À bon

entendeur !...

Au lieu de lécher son sexe, posez sur sa peau de petits baisers rapprochés. De quoi vous faire vibrer tous les deux de plaisir !

68 Suivez avec votre main les mouvements de votre bouche : ce lent va-et-vient régulier le long de sa verge... Vos doigts de fée lui offriront des sensations inédites.

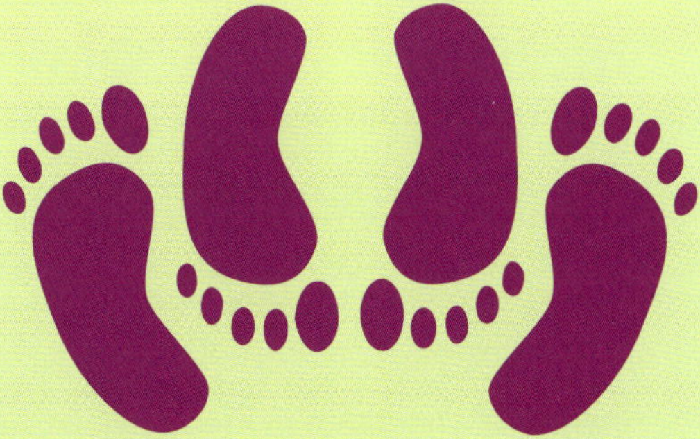

69 Vous le rendrez fou d'excitation en glissant son membre entre vos seins pendant que vous le sucez.

70 La plupart des hommes préfèrent être « dessus ». Une astuce de professionnelle consiste à rejeter la tête en arrière hors du lit, de façon à étirer la gorge et le cou, qui deviennent le terrain privilégié de plaisirs follement érotiques.

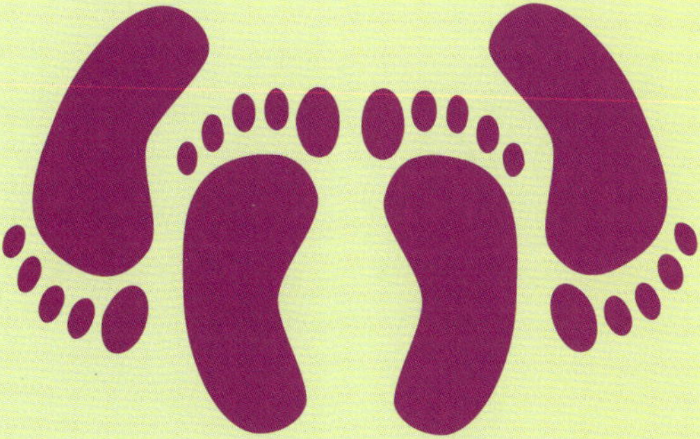

71 Trouvez un tempo qui vous convienne à tous les deux. Soyez à l'écoute de signaux comme le rythme des respirations ou les mouvements des hanches : cela vous aidera à progresser ensemble vers l'orgasme.

TOUCHER-LE-POINT-SENSIBLE

VOUS

72 Tous les sexologues savent que le clitoris n'est pas qu'une petite langue de chair. Environ vingt-trois centimètres de tissu érectile le prolongent sur la paroi antérieure du vagin.

Bon à savoir : une stimulation appropriée de ce clitoris interne peut déclencher des orgasmes éblouissants.

17

LES PRÉLIMINAIRES PHYSIQUES

jouent un rôle essentiel dans la réussite d'un rapport sexuel, mais les **préliminaires psychologiques** ont autant d'importance. Se préparer mentalement à la rencontre rend plus réactif.

15

46 % des femmes et
38 % des hommes interrogés
pour une étude publiée par un journal scientifique s'abandonnent régulièrement à des rêveries érotiques au cours de leurs rapports.

Il est vrai que dans certains cas un petit fantasme permet de transformer un rapport plutôt médiocre en un vrai feu d'artifice !

16

On peut passer à côté de l'orgasme pour des raisons totalement étrangères à notre corps et à celui de notre partenaire. Il faut savoir oublier le téléphone, le travail, tous les petits soucis de la vie quotidienne, et se détendre : on favorise ainsi l'irrigation sanguine du vagin et du pénis, et on facilite la montée du désir...

Sans les mains

Tous les spécialistes le disent : le sexe commence dans la tête...

13

Pensez que vous êtes en train de prendre du plaisir... et vous en aurez. Selon le docteur Eileen Palace, les femmes qui s'attendent à être excitées deviennent physiquement plus réceptives dans les **30 secondes**.

14

Le docteur Gina Ogden a interrogé des femmes qui obtiennent facilement un orgasme : 64 % d'entre elles y parviennent par le biais d'une rêverie érotique ou d'un fantasme, **sans le moindre contact** !

12 : L'OUÏE

Vous traversez une période où il vous est difficile de parvenir à **l'orgasme** ? Essayez le jeu de rôles. Il ne s'agit pas, bien sûr, de faire semblant d'avoir un orgasme, mais au contraire de le déclencher alors qu'il paraît tout proche, mais insaisissable. Exagérez vos mouvements et vos réactions : remuez des hanches, haletez, griffez, gémissez... En exacerbant votre réceptivité, vous vous mettrez d'emblée sur la voie qui mène à la jouissance.

LES SENS DU PLAISIR

Vous avez à votre disposition, pour parvenir au plaisir, tout un arsenal d'accessoires ; voici comment en tirer le meilleur parti.

8 : LE TOUCHER

Toutes les études le confirment : pour la majorité des femmes un rapport réussi passe par une stimulation du clitoris. Attention cependant à ne pas confondre ce petit bouton magique avec un minipénis ! La meilleure approche ? Tourner autour... c'est bien plus efficace que les pressions directes.

9 : LA VUE

Le plaisir des **yeux** augmente encore celui qu'éprouve la peau. Au moment d'atteindre l'orgasme, plongez votre regard dans celui de votre partenaire : le spectacle du plaisir de l'autre est extrêmement érotique, pour les hommes comme pour les femmes. Vous pouvez bien sûr fermer les paupières pour vous concentrer sur les sensations que vous éprouvez, mais en ouvrant les yeux vous partagez votre plaisir...

10 : LE GOÛT

C'est bien connu, le chocolat contient des substances naturelles qui possèdent des effets stimulants. Recette : tartinez-vous mutuellement le corps, et léchez doucement. À consommer sans modération.

11 : L'ODORAT

Le corps sécrète des molécules à l'odeur souvent impossible à détecter, **les phéromones**, qui stimulent le désir sexuel. Au cours de vos ébats, n'oubliez pas que les aisselles produisent en abondance ces substances aphrodisiaques...